Felix & Theo

TATORT FRANKFURT

AF792656

Langenscheidt

Berlin · München · Wien · Zürich · New York

Leichte Lektüren
Deutsch als Fremdsprache in drei Stufen
Tatort Frankfurt *Stufe 2*

Dieses Werk folgt der neuen Rechtschreibung
entsprechend den amtlichen Richtlinien.

Druck: Druckhaus Langenscheidt, Berlin
Printed in Germany
ISBN 3-468-49707-5

2 3 4 5 * 2008 2007 2006 2005

1

„Morgen!“
„Morgen, Chef! Sie haben heute wohl schlechte Laune?“
„Hm. Hier ist die Post, bestimmt nur Rechnungen.“
Helmut Müller, Privatdetektiv, legt einen Stapel Briefe auf den Schreibtisch seiner Sekretärin Bea Braun und geht in sein Büro.
„Was ist dem denn über die Leber gelaufen?[1]“, denkt Bea Braun und öffnet die Post.
Miete, Strom, Heizung, Telefon. Tatsächlich viele Rechnungen und ein Brief von Werner Hofinger. Bea Braun kennt den Pressefotografen und liest den Brief:

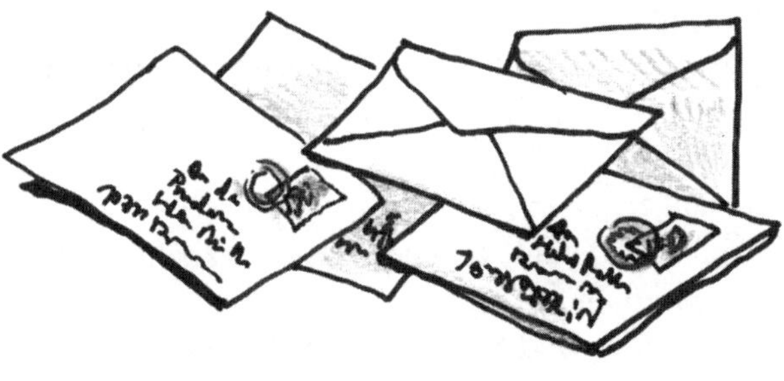

Sehr geehrte Damen und Herren,

anlässlich der Frankfurter Buchmesse[2] erlauben wir uns, Sie und Ihre Freunde zur Präsentation des Bildbandes
„Berliner Luft"
des bekannten Pressefotografen Werner Hofinger einzuladen.

Samstag, 5. Oktober, 14 Uhr
an unserem Messestand K 2234

Der Autor ist anwesend

Magnum Edition

Zehn Minuten später klopft Bea an die Tür zum Büro von Helmut Müller.
Sie trägt ein Tablett mit Kaffee, Milch und Zucker. Die Einladung von Werner Hofinger liegt auch dabei.
„Ihr Kaffee, Chef!"
„Nein, danke!"
„Was? Ich habe gerade frischen Kaffee gekocht und hier ist auch eine Einladung ..."
„Kein Interesse! Und Kaffee will ich auch keinen!"

„Chef, sind Sie krank? Sie trinken doch jeden Morgen um diese Zeit Kaffee!"
„Ach Bea. Ich darf wirklich keinen Kaffee trinken. Ich war heute bei meiner Ärztin, Frau Dr. Biehle."
„Und?"
„Die Frau Doktor meint, ich muss zehn Kilo abnehmen. Mein Kreislauf ist nicht gut und das Herz und ... ja, also keinen Kaffee mehr. Mineralwasser und Saft und viel Bewegung. Deshalb habe ich schlechte Laune!"
„Ach mein Gott, und ich dachte schon, Sie sind ernsthaft krank. Dann trinke ich den Kaffee und Sie bekommen Orangensaft. Ach ja, hier ist die Einladung."

Müller liest die Einladung.
„Werner Hofinger! Erinnern Sie sich noch an die ‚Operation Ferucci'?[3] Waren Sie nicht ein bisschen verliebt in den schönen Werner?"
„Eben noch todkrank und jetzt schon wieder frech! Nein, verliebt bin ich nur in Sie! Sie wissen doch, ich mag gemütliche Dicke lieber als dünne Männer mit schlechter Laune! Zum Wohl!"
Lachend hebt Bea Braun ihre Kaffeetasse und geht aus dem Büro.

Wenig später ruft der Privatdetektiv:
„Bea!“
„Komme!“
„Bea, wir machen eine Studienreise nach Frankfurt! Wir fahren zur Buchmesse, gehen zur Präsentation von Werner Hofinger, sehen uns die neuen Krimis auf der Messe an, gehen am Abend schön essen, und, nee, kein Essen. Rufen Sie doch bitte mal bei der Bahn an.“
„Nicht nötig! Wir leben im 21. Jahrhundert! ‚Surf & Rail‘ heißt das heute und die Tickets drucken wir uns auch gleich aus. Wann wollen wir fahren?“
„Moment mal. Die Präsentation ist am Samstag um 14 Uhr. Wir können am Morgen fahren, und am Sonntag zurück.“
„O.k.!“

2

„Vielen Dank für Ihr zahlreiches Erscheinen. Es ist mir eine ganz besondere Freude, heute diesen wunderbaren Fotoband ‚Berliner Luft‘ von unserem lieben Freund Werner Hofinger vorstellen zu dürfen ...“
„Verbrecher! Ihr seid alle Verbrecher!“
Ein Mann, ungefähr 40 Jahre alt, mit Anzug, Krawatte und unrasiert, steht am Messestand und ruft noch einmal:
„Ihr Verbrecher! Alle, alle seid ihr Verbrecher!“
Die Gäste sehen sich erstaunt um.

Offensichtlich ist der Mann betrunken.
Werner Hofinger sieht zu Helmut Müller.
Helmut Müller nickt und geht zu dem Mann.
Er packt ihn am Arm und flüstert:

MAGNUM
BERLINER LUFT
BERLINER LUFT
BERLINER LUFT

„So früh am Tag soll man eben keinen Alkohol trinken! Kommen Sie mal mit.“
„Bist du auch einer von den Verbrechern? Lass mich los, du ...!“
„Kommen Sie, wir gehen an die frische Luft!“
Müller geht mit dem Fremden durch die Gänge. Überall sind viele Menschen und die beiden fallen nicht auf.
„Mensch, wo ist denn der Ausgang? Das ist ja ein richtiges Labyrinth!“
Der Fremde lallt:
„Da vorne geht's raus. Aber hier ist ein Cafe. Ein Kaffee wär nicht schlecht! Komm, ich lad dich ein ...“

Müller sitzt mit dem Mann in einem kleinen Messe-Bistro[4].
„Tut mir Leid, ich vertrage keinen Alkohol.“
„Warum trinken Sie dann?“
„Ach, das ist eine lange Geschichte. Zu lange. Gehen Sie ruhig wieder zu der Präsentation, ich verspreche auch, dass ich nicht wieder störe.“
„Sind Sie sicher, dass Sie o.k. sind?“
„Ja, ja, gehen Sie ruhig. Gehen Sie ruhig wieder zu diesen Verbrechern! Zahlen, bitte!“
„He, mein Freund, ich dachte, Sie wären o.k., aber ich glaube, ich bleibe noch ein bisschen ...“
„Nein, kein Interesse. Ich haue ab.“
Der Mann legt Geld für die Getränke auf den Tisch und verschwindet durch den Ausgang neben dem Bistro.

„Bravo! Supertolle Bilder! Schönes Buch! Prima!“
Die Reden sind zu Ende und die Gäste der Buchpräsentation loben Werner Hofinger für sein schönes Buch.
Horst Rieck, der Chef der Magnum Presse, ist zufrieden.
Werner Hofinger sitzt an einem kleinen Tisch und signiert Bücher.
Viele Leute wollen ein Autogramm haben. Auch Bea Braun steht in der Reihe und wartet.
„Hallo, Chef! Hier bin ich! Das war ja ein komischer Typ.“
„Na ja, einer, der keinen Alkohol verträgt.“

Endlich kommt Bea an die Reihe.
Werner Hofinger schreibt „Meiner lieben Freundin Bea Braun ...“
Und Müller ergänzt lachend: „... der besten Privatdetektivin von Berlin!“
„Na, na, nicht eifersüchtig werden, Chef! Schreiben Sie doch mal ein Buch, dann dürfen Sie mir auch ...“

„RUMMS!!!!“

Mit großem Lärm fällt ein Bücherregal um.

Bücher purzeln über den Boden und eine junge Angestellte wird von dem Regal am Rücken verletzt.

„Helmut, schau mal, schon wieder der Spinner!“

Müller dreht sich um und entdeckt den Mann, der eilig wegläuft.

„Keine Chance, Werner, der kennt sich hier aus.“

„So eine Sauerei! Das ist geschäftsschädigend! Das macht man mit mir nicht!“

Der Verleger Horst Rieck ist wütend.

„Ich rufe die Polizei“, sagt eine Angestellte.

„Nein, keine Polizei! Aber die Presse können Sie anrufen.“

Bea Braun hilft den Angestellten der Magnum Presse beim Aufräumen.

„Kurt Voleur: Die Medienmafia. Und hier: Kurt Voleur: Das Dopinggeschäft. Und da wieder: Kurt Voleur."
„Das ist unser Erfolgsautor! Kommen Sie doch morgen um zehn Uhr, da gibt es eine Präsentation von Voleurs neuestem Buch."
„Was sind das für Bücher? Romane, Krimis?"
„Nein, Sachbücher! Sachbücher sind im Moment das beste Geschäft! Und der erfolgreichste Autor auf diesem Gebiet ist Kurt Voleur!"

Das Regal ist wieder eingeräumt und Werner Hofinger hat seine Signierstunde beendet.
„Möchten Sie mitkommen, Bea? Werner und ich, wir wollen in die Stadt. Und später ein kleines Abendessen im ‚Frankfurter Hof', kalorienarm natürlich!"
„Gute Idee! Ich komme gern mit!"

3

„Einen Äppelwoi, Bea?"
„Wie bitte?"
„Ein Äppelwoi ist ein Apfelwein. Den trinkt man hier in Frankfurt. Und dazu müssen Sie einen Käse essen ..."
Werner Hofinger empfiehlt Bea Braun Frankfurter Spezialitäten.
„Nein, nein, danke! Ich esse ein Wiener Schnitzel und trinke ein großes Bier!"
Bea Braun gibt die Speisekarte an Helmut Müller weiter.
„Tja, ich nehme nur einen Salat und ein Mineralwasser ..."
„Gut, also ein Wiener Schnitzel, einen gemischten Salat und für mich einen Handkäs ..."
Werner Hofinger gibt die Speisekarte an den Kellner zurück.

Der Kellner trägt ein weißes Sakko, weißes Hemd und eine schwarze Fliege.
„Moment mal, Sie sind doch der Kerl von der Buchmesse, der meine Präsentation versaut[5] hat!"
Werner Hofinger springt auf und will auf den Kellner losgehen.
Auch Helmut Müller hat den Mann jetzt erkannt und fasst Hofinger am Arm.
„Werner, bitte beruhige dich! Komm, wir gehen lieber in ein anderes Lokal!"
„Bitte bleiben Sie! Bitte! Wenn mein Chef das merkt, fliege ich raus. Ich kann Ihnen das alles erklären", stottert der Mann.
Und mit lauter Stimme sagt er: „Gerne! Kommt gleich!"

„Die Welt ist klein", sagt Helmut Müller, nimmt sein Mineralwasser und lächelt: „Na denn Prost!"
Bea Braun und Werner Hofinger essen mit großem Appetit. Helmut Müller stochert lustlos in seinem Salat.

Nach dem Essen räumt der Kellner das Geschirr ab.
„Darf ich Ihnen noch etwas bringen? In einer halben Stunde habe ich frei und ich schulde Ihnen ja noch eine Erklärung ..."
„Allerdings! Mir noch einen Äppelwoi, und du, Helmut, noch ein ‚aqua minerale'?"
„Sehr witzig! Nein, bringen Sie mir bitte auch so einen Äppel..."

Eine halbe Stunde später.
Der Kellner hat sich umgezogen. Er trägt jetzt wieder seinen Anzug, nimmt einen Stuhl und kommt an den Tisch.
„Darf ich mich zu Ihnen setzen?"

„Nur, wenn Sie den Tisch nicht umwerfen," lacht Werner Hofinger, und Bea Braun und Helmut Müller schmunzeln.
„Ich möchte mich bei Ihnen entschuldigen. Mein Verhalten heute Nachmittag, also, also das möchte ich Ihnen erklären.
Mein Name ist Jörg Koenig. Ich bin, nein, ich war Journalist. Ich habe bei einer Zeitung in Jena gearbeitet. Tja, und dann kam die Wende[6]. Alles hat sich verändert. Auch bei unserer Zeitung und irgendwann war Schluss mit meinem Job. Die Zeitung gibt es heute auch nicht mehr. Die hat ein großer Verlag aus Hamburg gekauft.
Ich habe dann als freier Journalist gearbeitet.
Manchmal konnte ich Artikel an Zeitungen verkaufen, manchmal nicht.
Für die Artikel habe ich viel recherchiert, und dann habe ich angefangen dieses Material zu Büchern zusammenzustellen.

Zuerst habe ich über Doping im Sport recherchiert. Viele Sportler bei uns im Osten waren gedopt – wie anderswo auch. Nach der Wende durften diese Sportler nicht mehr starten. Im Westen waren nur „saubere“ Sportler erlaubt. Ein Witz! Oft sind doch die Trainer schuld, die verschreiben diese Mittel. Und heute? Heute sind alle diese Trainer und Sportmediziner wieder im Geschäft ...“
„Pech für Sie, Herr Koenig! Das Buch hat leider schon ein anderer Autor geschrieben ...“, sagt Bea Braun.
Jörg Koenig fällt ihr ins Wort:
„Das ist es ja! Das ist ja der ganze Betrug! Das ist mein Buch! Meine Arbeit, meine Recherchen, einfach geklaut! Und der größte Witz dabei ist, dass sich der Autor auch noch Kurt Voleur nennt!“
„Wieso?“, fragt Helmut Müller.
„Voleur, Chef, ist Französisch. Und ‚voleur‘ heißt Dieb.“

„Genau! Diebe, Betrüger!“
„Jetzt – Moment mal, Herr Koenig! Sie wollen also behaupten, dass die Magnum Presse Ihr Manuskript gestohlen hat?“
Jetzt mischt sich auch Werner Hofinger ein.
„Das kann ich nicht glauben, das ist ein sehr seriöser Verlag!“
„Ha, ha! Warten Sie nur ab, Herr Fotograf. Mit dem Veröffentlichen sind die schnell, aber mit der Bezahlung – warten Sie nur ab!
Ich habe verschiedene Manuskripte zu aktuellen Themen an Verlage geschickt. Am schnellsten hat die Magnum Presse reagiert und mich zu einem Gespräch eingeladen. Ich habe mich riesig gefreut. Aber dann wurde der Termin verschoben, dann wieder und wieder. Und irgendwann haben sie mir dann mitgeteilt, dass sie mein Buch doch nicht veröffentlichen.“
„Und das Buch über die ‚Medienmafia‘ ist auch von Ihnen?“
„Im Prinzip schon. Da wird mal da und dort eine Formulierung geändert ...“
„Warum gehen Sie nicht zu einem Anwalt? Sie haben doch die Unterlagen, das ist doch leicht zu beweisen, oder?“
„Da bekommen Sie vor jedem Gericht der Welt Recht!“
Bea Braun und Hofinger reden durcheinander.
„Was wollten Sie denn heute auf der Buchmesse?“, fragt Helmut Müller.
„Ich wollte mit dem Chef von der Magnum Presse reden, alles aufdecken. Und weil ich so aufgeregt war, habe ich mir ein bisschen Mut angetrunken. Obwohl ich nie Alkohol trinke, ich vertrage keinen Alkohol ...“
„Und was sollte das mit dem Bücherregal? Eine Angestellte hat sich dabei verletzt!“

„Das tut mir ja Leid. Aber ich war einfach enttäuscht von mir, enttäuscht und wütend. Als ich gehen wollte, bin ich noch mal bei der Magnum Presse vorbei, und als ich das Regal mit den Büchern von diesem Voleur gesehen habe, da, da ..."
„Da haben Sie es einfach umgeworfen!"
„Hm, ja. Ich gehe morgen hin und entschuldige mich. Und Ihnen wünsche ich noch einen schönen Abend. Auf Wiedersehen."

„Merkwürdige Geschichte, findet ihr nicht?" Bea Braun sieht fragend zu Hofinger und Müller.
„Na ja, so was passiert schon. Manche Themen liegen in der Luft und der schnellste Verlag macht das Geschäft", sagt Werner Hofinger.
„Aber für jedes Buch braucht man doch Material und Recherchen. Und der – wie war sein Name?"
„Koenig!", ruft Bea.
„Koenig, genau. Und dieser Koenig hat ja viel recherchiert."
„Lieber Helmut, leider gehört es im Verlagsgeschäft zum Alltag, dass Autoren auch voneinander abschreiben. Und Recherchen sind oft nur Zeitungsartikel und Nachrichten, die dann zu einem Buch zusammengestellt werden."

„Also zuerst hat Koenig geklaut und jetzt hat man sein Manuskript?“, fragt Bea.
„Vielleicht. Habt ihr nicht Lust, morgen noch mal auf die Messe zu kommen? Wir können uns diesen Herrn Voleur ja mal ansehen. Ich muss um halb zehn sowieso zu Herrn Rieck.“
„Wann geht unser Zug zurück, Bea?“
„Erst am späten Nachmittag. Und von der Messe hab ich noch nicht viel gesehen!“
„O.k., dann treffen wir uns um neun Uhr am Haupteingang.“

4

Am nächsten Morgen sind Bea, Hofinger und Müller pünktlich am Haupteingang.
Sie spazieren zusammen zur Halle 4. Aber leider können sie nicht in die Halle. Die Polizei hat die Eingänge abgesperrt. Viele Leute stehen vor der Halle und diskutieren.
Werner Hofinger winkt und sagt:
„Da drüben ist Herr Rieck, ich frag ihn mal, was los ist.“
Nach ein paar Minuten kommt Werner Hofinger mit Rieck und einem anderen Mann zurück.
„Darf ich vorstellen? Das ist Kurt Voleur, Autor bei der Magnum Presse. Und das sind meine Freunde aus Berlin: Helmut Müller, Privatdetektiv, und Bea Braun, seine ...“
Aber Müller unterbricht ihn:
„Guten Tag, Herr Voleur. Ja, das ist Bea Braun, Kulturredakteurin bei der Berliner Morgenpost!“
Bea Braun lächelt Helmut Müller kurz an, dann wendet sie sich an den Autor.

HALLE 4
ZEI

„Sehr erfreut, Herr Voleur, Sie kennen zu lernen. Ihre Bücher kenne ich ja schon," sagt Bea. „Was ist eigentlich hier los?"
„Die Polizei spricht von einer Bombendrohung. Die Spezialisten sind schon in der Halle und suchen. So lange müssen wir warten. Hoffentlich dauert das nicht mehr lange, um zehn Uhr haben wir ja die Präsentation mit unserem Star." Jovial klopft Horst Rieck Kurt Voleur auf die Schulter.

Plötzlich hören sie eine Durchsage:
„Sehr verehrte Damen und Herren, bitte verlassen Sie den Platz! Bitte machen Sie die Eingänge frei. Die Halle 4 bleibt vorerst geschlossen."
„So ein Mist! Was ist jetzt mit der Präsentation?" Ärgerlich geht der Verleger Horst Rieck auf und ab.
„Wenn ich einen Vorschlag machen darf, Herr Rieck", sagt Müller lächelnd, „vielleicht kann Frau Braun die Zeit für ein Interview nutzen? Werner wollte Sie ja sowieso sprechen und ich gehe telefonieren."

„Einen Espresso?"
„Nein, lieber einen Tee und vielleicht ein Sandwich." Bea Braun sucht in ihrer Handtasche Papier und einen Kugelschreiber.
„Herr Voleur!"
„Gonike, bitte! Für Sie Gonike, Frau Braun."
„Wieso Gonicke?"
„Voleur ist sozusagen mein Künstlername, ha, ha. Ein Pseudonym[7] gewissermaßen."
„Und warum?"
„Ja, das ist eine lange Geschichte, aber die möchte ich der Presse lieber nicht erzählen."

„Und mir privat? Ich kann mein Notizbuch schließen und versprechen, dass nichts von unserem Gespräch in der Berliner Morgenpost erscheinen wird."
„Versprochen? Dann kann ich Ihnen kurz von meiner Karriere, ich meine, meinem Lebenslauf als Autor erzählen. Seit ein paar Jahren schreibe ich Sachbücher, und man kann sagen, mit Erfolg, ha, ha! Mein Stoff ist oft sehr brisant, und da schafft man sich auch Feinde. Deshalb mein Pseudonym."
„Und wie sind Sie Autor geworden, Herr Vo..., Herr Gonike?"
„Hm, ja, ich habe Germanistik studiert und dann habe ich ein Verlagspraktikum gemacht, und danach war für mich klar: Ich will schreiben!"
„Und dann haben Sie gleich einen Bestseller[8] geschrieben?"
„Natürlich nicht. Man fängt mit kleinen Brötchen an."
„Wie meinen Sie das?"
„Am Anfang schreibt man Artikel, oder man schreibt Beiträge für ein Buch. Man muss ja erst mal das Handwerk lernen. Und diese Sachen habe ich unter meinem richtigen Namen veröffentlicht."
„Haben Sie auch mal in einem Verlag gearbeitet? Ich meine, nach Ihrem Praktikum?"
„Nein. Wieso fragen Sie?"
„Na ja, wegen ‚Handwerk lernen' und so. Haben Sie gleich bei der Magnum Presse veröffentlicht? Oder gibt es von Ihnen auch Bücher in einem anderen Verlag?"
„Nein, nein."
„Und Ihr erstes Sachbuch, wie war doch gleich der Titel?"
„Das Dopinggeschäft."
„Genau! Das war gleich ein Bestseller?"
„Ja. Im Buchgeschäft spielt natürlich Glück eine Rolle,

gutes Marketing und natürlich ein gut recherchierter Stoff! Man muss gut schreiben können und der Zeitpunkt für ein Thema ist natürlich wichtig. Das gleiche Buch ein Jahr zu früh oder ein Jahr zu spät, und es ist ein Flop[9]!"

„Haben Sie persönlich zum Thema ‚Doping' in der ehemaligen DDR recherchiert?"

„Sie stellen ja komische Fragen! Natürlich! Ich meine, man hat ja auch Mitarbeiter ..."

„Kennen Sie Herrn Koenig, er ist sozusagen ein Kollege von Ihnen?"

„Nein! Also, ich glaube, ich muss jetzt gehen. Vielleicht ist die Halle ja wieder frei ... . Tschüs, Frau Braun."

„Auf Wiedersehen, Herr Voleur!"

5

„Frankfurter Hof!"
„Müller mein Name. Ich war gestern Abend mit Freunden bei Ihnen. Wir hatten nach dem Essen ein interessantes Gespräch mit Ihrem Kellner, Herrn Koenig. Und ich ..."
„Koenig gibt's bei uns nicht!"
„Ich meine den Kellner Jörg Koenig!"
„Ich sagte doch, hier gibt es keinen ‚Koenig'. Bei uns gibt es nur einen Jörg Schönborn. Und den erreichen Sie erst heute Abend ab halb sechs."
„Gut, ich rufe dann später noch mal an. Vielen Dank!"

Zufrieden schreibt Helmut Müller den Namen in sein Notizbuch.
Er sitzt in der warmen Oktobersonne auf dem Messegelände.
Er hat mit einem Freund in Jena telefoniert und eben mit dem Besitzer vom ‚Frankfurter Hof'.

„Pieep!“
Müller sieht auf sein Handy.
Eine SMS[10] von Bea:
„Chef, wo sind Sie? Wir müssen uns treffen!“
Müller wählt Beas Nummer.
„Hallo, Bea! Ich sitze in der Sonne und habe Neuigkeiten.“
„Ich auch, Chef! Wo treffen wir uns?“
„Bea! Wir sind privat auf der Buchmesse, nicht geschäftlich! Wir wollen uns doch Bücher ansehen und zu der Präsentation gehen.“
„Ja, ja. Aber wir wollen doch auch unserem Freund Werner Hofinger helfen!“
„Halle 4?“
„O.k., bis gleich.“

Vor der Halle 4 steht noch ein Polizeibus. Der Eingang ist geöffnet und viele Besucher gehen hinein.
Am Messestand der Magnum Presse stehen Polizisten, Reporter und Fotografen.
Der Verleger Horst Rieck gibt Interviews. Kurt Voleur gibt Interviews. Und auch Werner Hofinger gibt Interviews.
Überall sind weiße Flugblätter aufgehängt. Sie liegen auch auf den Tischen.

INFO - MAGNUM PRESSE - INFO

Bombendrohung! Präsentation verschoben!
Hat Kurt Voleur wieder ein heißes Eisen angefasst?

INFO - MAGNUM PRESSE - INFO

„Hallo, Bea! Hallo, Helmut!“
„Hallo, Werner. Was ist denn hier los?“
„Der reine Wahnsinn! Die Polizei hat tatsächlich eine Bombe gefunden! Hier auf dem Stand! Ein Anschlag auf die Magnum Presse! Jetzt kommt auch noch gleich das Fernsehen. Das totale Chaos!“
„Aber gute Publicity[11]!“
„Seht mal, was ich hier habe.“
Werner Hofinger holt aus seiner Jackentasche einen Briefumschlag.
Müller liest den Aufdruck ‚Magnum Presse’.
„Sieh ruhig rein, mein Lieber“, sagt Hofinger und grinst.
Müller öffnet den Umschlag und nimmt einen Scheck heraus.
Er liest:

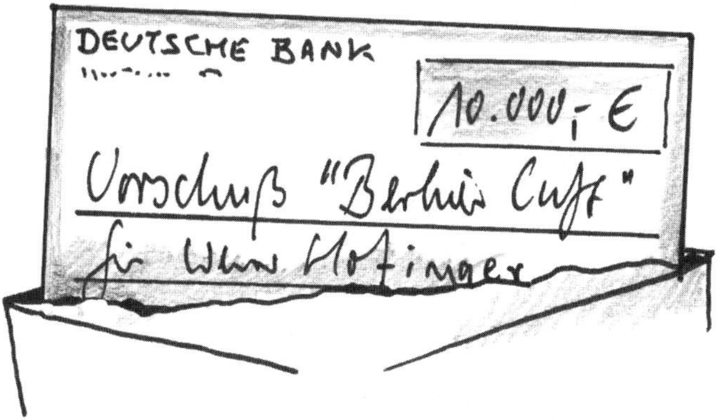

„Nicht schlecht!“
Helmut Müller zeigt Bea Braun den Scheck.
„Mensch, Werner! Klasse! Ich gratuliere! Jetzt bin ich erleichtert. Gestern Abend habe ich mir ein bisschen Sorgen gemacht, nach allem, was der Koenig da erzählt hat.“
„Schönborn! Herr Koenig heißt Schönborn!“, ruft Müller.

„Und Kurt Voleur heißt eigentlich Kurt Gonike. Das hat er mir vorhin beim Interview verraten."
„Tja, mein lieber Werner, für diesen Verlag brauchst du vielleicht auch bald ein Pseudonym", lächelt Müller.
„Nein, du bestimmt nicht. Du machst deine Fotos ja noch selbst."
„Also ich verstehe gar nichts mehr. Wovon redet ihr zwei eigentlich?"
„Schon gut, Werner. Du hast Bea doch die Widmung ins Buch geschrieben: ‚Der besten Privatdetektivin von Berlin'. Gib du mal deine Interviews, wir sehen uns noch Bücher an. Ruf doch morgen mal an und erzähl. Bis dann, Werner. Alles Gute."

Während sich Bea Braun von Werner Hofinger verabschiedet, spricht Helmut Müller mit einer Angestellten der Magnum Presse. Er lächelt und schreibt etwas in sein Notizbuch.

6

Bea Braun und Helmut Müler sitzen in einem Abteil des ICE[12] nach Berlin.
„Au, mir tun die Füße weh!“ Bea Braun legt ihre Beine auf den Sitz gegenüber.
„Und mir knurrt der Magen! So viel rumlaufen und nichts im Magen ...“
„Am besten fand ich die Halle mit den Kunstbüchern.“
Bea Braun zeigt eine Tüte mit vielen Verlagsprospekten.
„Und ich hab mir ein paar Krimis bestellt. Es gibt ein paar ganz gute junge Autoren und Autorinnen. Bin schon gespannt.“
„Apropos Krimi! Was ist mit der Auflösung unseres Falls?“
„Morgen, Bea, morgen. Heute haben wir frei. Und außerdem ist das nicht unser Fall. Wir haben leider keinen Auftrag. Aber ich habe eine Idee. Zu einer Studienreise gehört ein Fall. Ein Studienfall sozusagen ...“
„Richtig! Wir notieren alle verdächtigen Personen, Fragen dazu ...“
„... und morgen präsentiert jeder von uns seine Lösung. Einverstanden?“
„Super Idee! Und was bekommt die Gewinnerin?“

7

Montagmorgen.
Um Viertel nach neun kommt Bea ins Büro.
„Morgen, Chef! Haben Sie schon Ihren Saft getrunken?"
„Sehr witzig, Kollegin! Na, haben Sie Ihre Hausaufgaben gemacht?"
„Na klar! Sehen Sie mal, ich hab Ihnen was mitgebracht."
Bea legt die ‚Berliner Morgenpost' auf den Tisch.
„Nicht schlecht, Kollegin. Aber ich hab Ihnen auch was mitgebracht."
Helmut Müller legt mehrere Tageszeitungen auf den Tisch.
„O.k., Chef. Eins zu null für Sie. Ich koche jetzt erst mal einen Kaffee und dann geht's los."

Nach zehn Minuten sitzen Bea Braun und Helmut Müller am großen Schreibtisch. Beide haben Papier und Bleistift vor sich liegen.

„Also, dann mal los. Warum haben Sie heute die ‚Berliner Morgenpost' mitgebracht?“
„Weil ich wissen wollte, ob etwas über die Bombendrohung drinsteht.“
„Und? Steht was drin?“
„Klar! Hier, lesen Sie.“

Bombendrohung auf der Buchmesse

Der bekannte Verlag ‚Magnum Presse' wurde gestern Ziel einer Bombendrohung.
Das mutige Eingreifen der Polizei hat eine Katastrophe verhindert. Um zehn Uhr sollte Kurt Voleur, der berühmte Enthüllungsjournalist[13], sein neuestes Buch präsentieren. Wollte der Anschlag dies verhindern?

Kurt Voleur

„Prima Publicity!“ Helmut Müller zeigt Bea die anderen Artikel.
Bea Braun blättert die Zeitungen durch.
„Hier steht, dass es gar keine Bombe gegeben hat. Die Polizei hat nur eine Attrappe gefunden.
Und hier! Ein Foto mit Rieck und Voleur und Werner! Und da steht: ‚Das Erfolgstrio der Magnum Presse'. Sehen Sie sich das an, Chef.“
Müller lacht.

„Ich kenne die Artikel, Bea. Die waren sozusagen mein Frühstück heute. Aber was ziehen wir Privatdetektive daraus für Schlüsse?“
„Nicht alle Zeitungen schreiben die Wahrheit. Aber in jedem Artikel kommt ein Hinweis auf das neue Buch von Kurt Voleur und die Magnum Presse.“
„Und was lernen wir daraus?“
„Sie meinen, äh, Sie meinen, dass der Anschlag vielleicht gar kein Anschlag war, sondern ...“
„...Publicity!“
„Und die Störungen am Samstag von diesem Koenig – oder wie heißt der noch?“
„Schönborn.“
„Dieser Schönborn hat auch nur gestört, um auf den Verlag und sein Programm aufmerksam zu machen?“
„Das ist gut möglich.“

Bea trinkt einen Schluck Kaffee.
„Um ein Motiv zu haben. Ein Attentäter braucht ein Motiv. Und das ist doch ein prima Motiv: ‚Verlag klaut Manuskript. Armer Autor muss als Kellner arbeiten – doch dann legt er die Bombe!'"
„Prima, Bea. Das können Sie gleich an die ‚Morgenpost' verkaufen. Aber im Ernst, was ist das für ein Image für die Magnum Presse? Ein Verlag, der Manuskripte klaut? Nein, das gibt keinen Sinn."
Bea denkt nach.
„Sie haben recht, Chef. Das gibt keinen Sinn. Der Verlag ist das Opfer – oder er tut so. Jemand will die Veröffentlichung verhindern, und das steigert die Nachfrage! "
„Wie ich sagte: Publicity!"
„Und wer hat dann die Bombe gelegt?"
„Die Attrappe, Bea! Die Attrappe, das ist ein großer Unterschied."

„Von dem ganzen Presserummel profitiert am meisten die Magnum Presse."
„Eben!"
„Sie meinen, Rieck ...?"
„... oder sein Superautor!"
„Das ist ja ekelhaft!"
Bea gießt sich noch eine Tasse Kaffee ein.
„Und Schönborn hat die beiden mit seinem Störversuch auf die Idee gebracht. Dann ist der Fall ja eigentlich geklärt. Nur das mit den falschen Namen verstehe ich noch nicht."
„Das ist ziemlich einfach: Jörg Schönborn war Journalist in Jena. Seine Zeitung hat über Doping recherchiert. Diese Berichte hat er an den Lektor der Magnum Presse geschickt und dieser Lektor war – na?"
„Kurt Gonike!"
„Genau! Dieser Kurt Gonike hat sozusagen das Manuskript geklaut und unter dem Pseudonym ‚Voleur' veröffentlicht."
„O.k., bei Gonike verstehe ich den falschen Namen. Aber warum nennt sich Schönborn Koenig?"
„Er nennt sich ja nicht so. Im ‚Frankfurter Hof' arbeitet er unter seinem richtigen Namen. Ich glaube, er wollte uns bei dem Gespräch am Samstag Abend einen Tipp geben."

„Einen Tipp? Mit einem falschen Namen? Wie soll das gehen?“
„Drehen Sie doch mal die Buchstaben von ‚Koenig‘ ein bisschen um ...“
„ ... dann ergibt sich ‚Gonike‘! Mensch, Chef, super! Ich glaube, Sie haben gewonnen.“
„Unentschieden! Zusammen haben wir den Fall gelöst und zusammen gehen wir jetzt essen!“
„Und Ihre Diät?“
„Meine Diät ist nur ein Pseudonym für eine richtige Berliner Schlachtplatte!“

ENDE

Landeskundliche Anmerkungen

1 „Was ist dem denn über die Leber gelaufen?" Redewendung, die bedeutet, dass jemand schlechte Laune hat.

2 Frankfurter Buchmesse, findet seit 1949 alljährlich im Oktober in Frankfurt am Main statt.

3 siehe den Krimi „Ein Mann zu viel" in der Reihe „Felix & Theo".

4 Bistro: Lokal, in dem man Getränke und kleine Mahlzeiten bekommt.

5 versauen: bedeutet hier, dass der Mann die Veranstaltung verdorben hat.

6 Wende: Veränderung der politischen, wirtschaftlichen und sozialen Verhältnisse im Oktober 1989 in der früheren Deutschen Demokratischen Republik.

7 Pseudonym: ein Name, den jemand statt seines eigenen Namens benutzt, um nicht erkannt zu werden.

8 Bestseller: Buch, das sehr viel verkauft wird.

9 Flop: geschäftlicher Misserfolg.

10 SMS, Short Message Service: schriftliche Nachrichten über Mobiltelefon.

11 Publicity: häufiges Erscheinen in den Massenmedien, wodurch Personen oder Produkte sehr bekannt werden.

12 ICE, Inter City Express: eine der schnellsten Bahnverbindungen zwischen Großstädten in Deutschland.

13 Enthüllungsjournalist: Ein Journalist, der (meist) negative Dinge über Personen in seinen Zeitungsartikeln bekannt macht.

Übungen und Tests

1. Lesen Sie Abschnitt 1 noch einmal und notieren Sie Informationen zu Helmut Müller und Bea Braun.

Aussehen	Tätigkeiten	Vorlieben/Abneigungen

2. Protokollieren Sie die Ereignisse am Messestand:

a) Skizzieren Sie die Personen, die Sie noch nicht kennen.

Horst Rieck ist ... .
Er ...

b) Was geschieht am Messestand? Kreuzen Sie an.

	R	F
Horst Rieck stellt ein Buch von Helmut Müller vor.	☐	☐
Ein unbekannter Mann stört die Rede von Horst Rieck.	☐	☐
Werner Hofinger ist betrunken.	☐	☐
Helmut Müller geht mit Bea in ein Café.	☐	☐
Der unbekannte Mann verträgt keinen Alkohol.	☐	☐
Werner Hofinger signiert sein Buch „Berliner Luft“.	☐	☐
Ein Bücherregal fällt um und verletzt eine Angestellte der Magnum Presse.	☐	☐
Der Verleger Horst Rieck ruft die Polizei.	☐	☐
Kurt Voleur ist der Erfolgsautor der Magnum Presse.	☐	☐

3. Jörg Koenig erzählt seine Geschichte. Halten Sie die wichtigsten Aussagen schriftlich fest.

Jörg Koenig war Journalist in Jena. Er war ... .

____

____

Dann ... .

____

____

Zuerst ...

____

____

Später ...

4. Bea verspricht, im Gespräch mit Kurt Voleur keine Notizen zu machen. Sie merkt sich aber alles, was er sagt. Sie auch? Kreuzen Sie an.

○ Kurt Voleur schreibt Kriminalromane.
○ Kurt Voleur ist Sportler.
○ Kurt Voleur schreibt Sachbücher.

○ Kurt Voleur heißt eigentlich Kurt Gonike.
○ Gonike ist der Künstlername von Kurt Voleur.

○ Kurt Voleur war zuerst Bäcker.
○ Kurt Voleur hat bei der Magnum Presse ein Praktikum gemacht.
○ Kurt Voleur hat zuerst in einem anderen Verlag Bücher geschrieben.

○ Kurt Voleur hat ein Buch über Doping im Sport (in der DDR) geschrieben.
○ Kurt Voleur hat ein Buch über Germanistik geschrieben.
○ Kurt Voleur hat ein Buch über Handwerker geschrieben.

2. – 5. Ordnen Sie die Ereignisse in Frankfurt bis zum Ende des 5. Abschnitts:
Wer macht was? Wer spricht mit wem worüber?
Was geschieht wann?

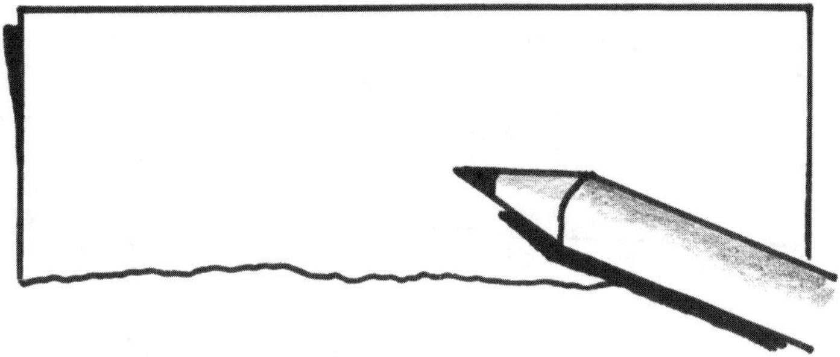

6. Spielen Sie Privatdetektiv. Sammeln Sie Ihre Ergebnisse der Aufgaben zu den Abschnitten 1. – 5. und lösen Sie den Fall.

7. a) Wie sieht Bea den Fall, wie Müller? Ordnen Sie zu.

Bea Braun	**Helmut Müller**
Die Bombe in Frankfurt war nur eine Attrappe.	Alle Zeitungen erwähnen die Magnum Presse und das neue Buch von Kurt Voleur.

Der Bombenanschlag war eine Publicity-Aktion.

Jörg Schönborn hat die Bombe gelegt.

Jörg Schönborn hat den Verlag mit seiner Störung auf die Idee mit der Bombendrohung gebracht.

Jörg Schönborn hat Berichte über Doping in der DDR an die Magnum Presse geschickt.

Kurt Gonike hat das Manuskript von Schönborn geklaut und unter dem Namen „Voleur" veröffentlicht.

b) Vergleichen Sie Ihre Lösung mit der von Bea und Helmut Müller!

Beas Lösung	Müllers Lösung	Ihre Lösung

Sämtliche bisher in dieser Reihe erschienenen Bände:

Stufe 1

Oh, Maria...	32 Seiten	Bestell-Nr. **49681**
Ein Mann zu viel	32 Seiten	Bestell-Nr. **49682**
Adel und edle Steine	32 Seiten	Bestell-Nr. **49685**
Oktoberfest	32 Seiten	Bestell-Nr. **49691**
Hamburg – hin und zurück	40 Seiten	Bestell-Nr. **49693**
Elvis in Köln	40 Seiten	Bestell-Nr. **49699**
Donauwalzer	48 Seiten	Bestell-Nr. **49700**
Berliner Pokalfieber	40 Seiten	Bestell-Nr. **49705**
Der Märchenkönig	40 Seiten	Bestell-Nr. **49706**
Der Märchenkönig – mit Mini-CD	40 Seiten	Bestell-Nr. **49710**

Stufe 2

Tödlicher Schnee	48 Seiten	Bestell-Nr. **49680**
Das Gold der alten Dame	40 Seiten	Bestell-Nr. **49683**
Ferien bei Freunden	48 Seiten	Bestell-Nr. **49686**
Einer singt falsch	48 Seiten	Bestell-Nr. **49687**
Bild ohne Rahmen	40 Seiten	Bestell-Nr. **49688**
Mord auf dem Golfplatz	40 Seiten	Bestell-Nr. **49690**
Barbara	40 Seiten	Bestell-Nr. **49694**
Ebbe und Flut	40 Seiten	Bestell-Nr. **49702**
Grenzverkehr am Bodensee	56 Seiten	Bestell-Nr. **49703**
Tatort Frankfurt	48 Seiten	Bestell-Nr. **49707**
Heidelberger Herbst	48 Seiten	Bestell-Nr. **49708**
Heidelberger Herbst – mit Mini-CD	48 Seiten	Bestell-Nr. **49712**

Stufe 3

Der Fall Schlachter	56 Seiten	Bestell-Nr. **49684**
Haus ohne Hoffnung	40 Seiten	Bestell-Nr. **49689**
Müller in New York	48 Seiten	Bestell-Nr. **49692**
Leipziger Allerlei	48 Seiten	Bestell-Nr. **49704**
Ein Fall auf Rügen	48 Seiten	Bestell-Nr. **49709**